COMPAGNIE UNIVERSELLE DU CANAL MARITIME DE SUEZ

ENQUÊTE

SUR

LA QUESTION DU TONNAGE

I

Résumé de M. le Président de la Commission.

II

Note de M. Ramond, administrateur des Douanes.

III

Décision du Conseil d'Administration
de la Compagnie.

PARIS

IMPRIMERIE TYPOGRAPHIQUE DE A. POUGIN

13, QUAI VOLTAIRE, 13

1872

COMPAGNIE UNIVERSELLE DU CANAL MARITIME DE SUEZ

ENQUÊTE

SUR

LA QUESTION DU TONNAGE

I — RÉSUMÉ DE M. LE PRÉSIDENT DE LA COMMISSION D'ENQUÊTE

II — NOTE DE M. RAMOND, ADMINISTRATEUR DES DOUANES

III — DÉCISION DU CONSEIL D'ADMINISTRATION DE LA COMPAGNIE

I

Résumé de M. le Président de la Commission d'Enquête

A M. FERDINAND DE LESSEPS

Président-Directeur de la Compagnie du Canal maritime de Suez.

Paris, le 20 juin 1872.

MONSIEUR LE PRÉSIDENT,

En 1868, à la veille de l'ouverture du Canal de Suez, vous avez confié à une Commission l'examen de diverses questions relatives à l'exploitation de ce canal, et entre autres celles de savoir quel tonneau-type il convenait d'adopter comme base de l'application du droit de 10 francs, qu'aux

termes de son acte de concession, la Compagnie était autorisée à percevoir par tonneau de capacité des navires.

Cette Commission a pensé que le tonneau officiel anglais,
dont les tonneaux des autres nations se rapprochaient déjà
beaucoup et tendaient à se rapprocher tous les jours da-
vantage, serait le meilleur type à adopter comme le plus
général, sans se préoccuper d'ailleurs de son équité ; mais
qu'en attendant son adoption universelle qui paraissait
devoir être alors prochaine, il y avait lieu de s'en tenir,
pour chaque pavillon, au tonnage officiel établi par les
papiers de bord.

C'est sur cette base que les droits de passage des navires
ont été perçus depuis l'ouverture du Canal. Des plaintes
s'étant élevées sur ce qu'elle avait de frustratoire pour les
intérêts de la Compagnie, vous avez jugé à propos de pro-
voquer un nouvel examen de la question, sans attendre l'u-
nification du tonnage qui pouvait se faire attendre encore
assez longtemps, et qui ne pouvait d'ailleurs donner satisfaction aux intérêts en souffrance, le mode de jaugeage
anglais n'étant pas plus équitable que ceux des autres
nations. Vous avez donc appelé, le 22 août 1871, une
nouvelle Commission à examiner s'il ne conviendrait pas
de changer le mode de perception *provisoire*, et s'il ne serait
pas possible de substituer à la base des papiers de bord une
autre évaluation de la capacité des navires.

Cette Commission, composée de :

MM. Chevallier, *inspecteur général des ponts et chaussées*,
    Cléry, *ingénieur des mines*,
    de Combarieu, *ancien officier de marine*,
    de Fourcy, *ingénieur en chef, depuis inspecteur géné-
        ral des ponts et chaussées*,
    Gay, *sous-directeur aux affaires étrangères*,
    Jurien de la Gravière, *vice-amiral*,

Larousse, *ingénieur hydrographe*,
Marie, *sous-directeur au ministère du commerce*,
Mazère, *vice-amiral*,
Paris, *vice-amiral*,
Pascal, *ingénieur en chef des ponts et chaussées*,
Ramond, *administrateur des douanes*,
Rumeau, *inspecteur général des ponts et chaussées*,
Sollier, *ingénieur des constructions navales*,
Voisin, *ingénieur en chef des ponts et chaussées*,

s'est constituée, le 20 septembre 1871, et a nommé M. Rumeau, président; M. Paris, vice-président, et M. Cléry, secrétaire.

Dans la seconde de ses réunions, le 6 octobre 1871, elle a *unanimement reconnu à la Compagnie le droit d'adopter le mode de jaugeage qui constaterait le plus équitablement possible la capacité des navires*, et par conséquent le droit de substituer à la base des papiers de bord un autre mode de perception, s'il y en a de plus équitable.

Dans sa troisième séance, le 14 octobre 1871, après avoir abordé les questions qui lui restaient à résoudre, la Commission a reconnu la nécessité d'en renvoyer l'examen préalable à une Sous-Commission chargée d'en préparer la solution. Ces questions étaient les suivantes:

1° Que doit-on entendre par le terme de *tonneau de capacité des navires*, employé dans l'acte de concession?

2° Comment doit-on évaluer le nombre des tonneaux de capacité d'un navire?

Une troisième question se présentait, question d'opportunité, qui consistait à rechercher quel usage il conviendrait de faire, dans l'état actuel des choses, des nouvelles bases qui pourraient être reconnues applicables à la perception des droits; mais elle a été retirée depuis par la Compagnie, ainsi qu'il résulte du procès-verbal de la séance de la Commission du 30 novembre 1871.

La Sous-Commission, composée de MM. de Fourcy, Larousse, Marie, Paris, Ramond, et de MM. Rumeau et Cléry, président et secrétaire de la Commission, a été présidée par M. Rumeau, et a désigné M. Larousse pour son secrétaire spécial. Elle a tenu huit séances, et a clos son travail par un rapport rédigé par M. Larousse, et adressé à la Commission, le 8 novembre 1871. Après avoir été imprimé avec quelques annexes, suivant l'avis émis par la Commission dans sa séance du 18 novembre 1871, ce rapport a servi de base aux délibérations de cette Commission dans ses séances subséquentes des 23 et 30 novembre 1871.

Réunie une dernière fois, le 8 janvier 1872, sur la demande de la Compagnie qui désirait avoir un rapport de la Commission, cette Commission a émis l'avis qu'un rapport était inutile, que le procès-verbal très-complet de sa séance du 23 novembre, joint au rapport de la Sous-Commission, pouvait en tenir lieu, et qu'il fallait éviter de renouveler, dans l'état de division des esprits, les discussions qui s'étaient déjà élevées sur la rédaction de ces documents.

Il résulte de ce qui précède que la Sous-Commission a tenu huit séances, et la Commission sept. — Il a été dressé des procès-verbaux des unes et des autres. J'ai l'honneur de vous les adresser avec le rapport de la Sous-Commission, en vous renvoyant en même temps tous les documents communiqués.

Je signale particulièrement à votre attention, comme expression et justification de l'avis de la Commission, les procès-verbaux des 6 octobre et 23 novembre 1871, et le rapport de la Sous-Commission du 8 novembre.

Ainsi que je l'ai déjà dit, par son premier procès-verbal

du 6 octobre, la Commission reconnaît à la Compagnie le droit de décliner le jaugeage officiel des navires, s'il n'est point équitable, et d'en adopter un autre plus en rapport avec la justice et ses intérêts. Sur cette question, il n'y a pas eu de dissentiment.

Il n'y en a pas eu non plus sur l'insuffisance générale du tonnage officiel, que tous les documents attestent être de beaucoup inférieur au tonnage réel des navires, et dont l'évaluation repose sur des bases très préjudiciables aux intérêts de la Compagnie. — La Commission a donc été unanime à reconnaître la légitimité de la modification de ces bases.

Le premier point à déterminer, pour arriver à cette modification, était de savoir ce que l'on doit entendre par tonneau de capacité. A deux voix près, qui demandaient l'adoption du mètre cube, la Commission a été unanimement d'avis que, dans l'intention des parties contractantes, le tonneau de capacité devait s'entendre du tonneau officiel français de 42 pieds cubes français (ordonnance de la marine de 1681), en mesures actuelles de 1m44. — Ce tonneau est à à peu près le même que le tonneau commercial anglais, qui varie généralement de 50 à 52 pieds anglais, ou de 1m415 à 1m467, et qui revient en moyenne à 1m44.

Le tonneau de capacité une fois déterminé, en doit-on conclure qu'un navire renferme autant de ces tonneaux que sa capacité entière contient de fois 1m44 ? — C'est là, en effet, ce qu'a soutenu la minorité de la Commission. Mais la majorité n'a pas partagé son avis. Elle a pensé que, conformément à l'usage général, il y avait lieu de ne jauger que la capacité utile, et de faire sur la capacité totale une déduction pour le logement de l'équipage, les magasins d'agrès, les approvisionnements d'eau et de vivres, et généralement pour toutes les parties du navire non susceptibles de recevoir des marchandises. Mais cette déduction étant de moitié environ, d'après les méthodes de jaugeage en usage dans les divers pays, notamment en Angleterre et en France, la Commission l'a jugée beaucoup trop forte. — D'après l'étude qu'elle a faite de la question, elle s'est assurée que la partie utilisable et utilisée de la capacité des navires était effectivement, non pas seulement de 50 0/0 de la capacité totale, mais de 65 0/0. — Prenant donc pour exemple et pour base des opérations de la Compagnie la marine anglaise qui forme à elle seule et de beaucoup la majeure partie de la clientèle du Canal, il en résulte que son tonnage officiel doit être relevé dans la proportion de 50 à 65, c'est-à-dire de 15 pour 50, ou de 30 pour 100. C'est donc au tonnage des papiers de bord, préalablement augmenté de 30 pour 100, qu'il conviendra d'appliquer le prix de 10 francs que la Compagnie est autorisée à percevoir par tonneau de capacité.

Ce qui précède ne s'applique qu'aux navires à voiles. Pour les navires à vapeur, on les jauge d'abord comme les navires à voiles, en faisant sur leur capacité totale une déduction de 50 0/0, et l'on obtient ainsi ce que l'on appelle le tonnage brut, tonnage que, d'après ce qui vient d'être dit pour les voiliers, il y aurait lieu de relever de 30 pour 100 pour arriver à une évaluation plus équitable. Le tonnage ainsi déterminé subit néanmoins lui-même une nouvelle réduction pour tenir compte du poids et de l'emplacement de la machine et de ses approvisionnements. Cette réduction varie avec les nationalités, et souvent pour la même nationalité, comme en Angleterre, avec le tonnage et la destination des navires. Elle peut être considérée comme étant en moyenne de 30 pour 100 pour les vapeurs anglais. Le tonnage ainsi réduit est ce qu'on appelle le tonnage net, sur lequel se perçoit jusqu'à présent le droit de navigation dans le Canal. Contrairement à l'avis de la minorité, la majorité de la Commission ne conteste pas le principe de la nouvelle déduction faite en raison de la machine. — Toutefois, elle en juge la proportion un peu trop forte, quoiqu'elle soit en Angleterre moindre qu'en France, où elle est uniformément de 40 pour 100. L'étude de la question a conduit la Commission à penser que cette proportion pouvait, sans léser le commerce, être réduite à 25 pour 100, et c'est à ce chiffre qu'elle est d'avis de la fixer uniformément, sans égard à l'importance et à la destination des navires.

Il demeure entendu d'ailleurs que cette fixation se rapporte à l'état actuel de la navigation à vapeur, et que la proportion de 25 pour 100 pourrait être réduite, si le progrès de la construction des machines et de leur aménagement dans les navires venait à le permettre.

On voit, par ce qui précède, que, pour obtenir le tonnage net rectifié des vapeurs anglais, il faudrait d'abord relever de 30 pour 100 le tonnage brut et le réduire ensuite de 25 pour 100. Or, on retombe ainsi, à très-peu près, sur le tonnage brut officiel, et c'est en conséquence ce tonnage que la Commission propose de prendre désormais pour base de la perception.

Il en résultera une augmentation de 43 pour 100 sur la base actuelle; car le tonnage net sur lequel se perçoit aujourd'hui le droit, n'étant en moyenne que de 70 quand le tonnage brut est de 100, on voit qu'en substituant le tonnage brut au tonnage net pour la base de la perception, cette base se trouve relevée de 30 pour 70, ou de 43 pour 100.

Quoique les méthodes de jaugeage des diverses nations se ressemblent toutes plus ou moins, et donnent sensiblement les mêmes résultats, l'identité néanmoins n'est pas telle qu'il ne faille tenir compte des différences, ne fût-ce que pour assurer à tous les pavillons le même traitement, ainsi que la Compagnie y est tenue par son acte de concession. C'est ce que la Commission propose de faire en ramenant les diverses jauges officielles à la jauge officielle anglaise, au moyen d'un barême rédigé d'avance en ayant égard à ces différences. Les tonnages ainsi modifiés serviront ensuite de base à la perception des droits de la manière indiquée pour les navires anglais, soit à voiles, soit à vapeur.

Le barême dont la Commission croit devoir recommander l'usage à la Compagnie est le barême le plus récent rédigé par la Commission du Bas-Danube. Il indique pour les navires à voiles des diverses nationalités les coefficients par lesquels il faut multiplier leur tonnage pour le ramener au tonnage anglais. Ces coefficients peuvent servir également à la transformation du tonnage brut des vapeurs, calculé, ainsi qu'on la vu, comme le tonnage des voiliers. Mais, pour transformer ce tonnage, il faut le connaître, et il n'est pas toujours inscrit, avec le tonnage net, sur les papiers de bord comme en Angleterre. Pour plusieurs pavillons, le tonnage net figure seul sur ces papiers. Pour en déduire le tonnage brut, il faudrait que le barême indiquât le rapport des deux tonnages, et c'est ce qu'il ne fait pas. Il aurait donc besoin d'être complété à ce point de vue; mais la commission, faute de documents, s'est trouvée dans l'impossibilité de présenter des propositions à ce sujet.

L'Angleterre a deux méthodes de jaugeage : la première exacte, mais laborieuse, applicable seulement aux navires vides et sortant des chantiers, parce qu'elle exige que toutes les parties en soient accessibles et puissent être mesurées avec détail; la deuxième approximative, mais expéditive, applicable aux navires chargés, parce qu'elle n'exige que la connaissance de leur longueur et du périmètre du maître-couple, ou plutôt de la longueur de la chaîne tendue qui, en passant sous la quille, embrasse ce périmètre. La Commission propose de faire usage de cette deuxième méthode pour jauger directement les navires qui n'auraient pas de papiers de bord, ou qui n'en auraient que de suspects; comme aussi les navires dont le tonnage ne pourrait pas être ramené au tonnage anglais au moyen du barôme. La Commission a enfin examiné le cas où un navire renfermerait des espaces couverts propres à recevoir des marchandises, et qui ne seraient pas compris dans le jaugeage officiel. Elle a pensé que ces espaces pourraient être jaugés par la Compagnie d'après les règles en usage en Angleterre, et que le tonnage en devrait être ajouté à celui des papiers de bord pour servir de base à la perception.

En résumé, Monsieur le Président, la Commission est d'avis :

Que les bases actuelles de la perception des droits de navigation sur le Canal étant peu équitables, et ne donnant pas satisfaction à ses légitimes intérêts, la Compagnie est fondée à les modifier ;

Qu'elle est en droit de percevoir la taxe de 10 francs par tonneau de capacité, qui lui est attribuée par l'article 17 de l'acte de concession du Canal, d'après les bases suivantes :

1° Bâtiments ayant des papiers de bord en règle.

NAVIRES DE NATIONALITÉ ANGLAISE

Pour les navires à voiles, le droit de 10 francs est applicable au tonnage officiel des papiers de bord, augmenté de 30 0/0.

Pour les navires à vapeur et dans l'état actuel de ce mode de navigation, le droit de 10 francs est applicable au tonnage brut officiel des papiers de bord.

NAVIRES DES AUTRES NATIONALITÉS

Le tonnage des papiers de bord des navires des autres pavillons, soit vapeurs, soit voiliers, sera d'abord ramené au tonnage officiel anglais, d'après le barôme le plus récent de la Commission du Bas-Danube, rectifié et complété au besoin; après quoi, le droit de 10 francs sera applicable au tonnage ainsi converti, de la même manière que pour les navires anglais.

2° Bâtiments n'ayant pas de papiers de bord, ou n'en ayant que de suspects, ou dont le tonnage ne pourrait pas être converti en tonnage anglais par le barême.

Les navires de cette catégorie devront être jaugés par la Compagnie d'après la règle anglaise en usage pour le jaugeage des navires chargés, et le droit de 10 francs sera applicable au tonnage ainsi déterminé, comme pour les navires anglais.

3° Bâtiments ayant exceptionnellement des espaces couverts, non compris dans la jauge officielle.

Ces espaces pourront être jaugés par la Compagnie d'après les règles en usage en Angleterre pour les cas de l'espèce, et le tonnage en sera ajouté au tonnage officiel pour la perception des droits.

Vous le voyez, Monsieur le Président, quoique différant essentiellement par ses résultats du mode actuel, le nouveau mode de perception indiqué par la Commission est d'une grande simplicité, et ne se recommande pas moins sous ce rapport que sous le rapport de l'équité.

Il n'exige que très-rarement et très-exceptionnellement le jaugeage des navires par la Compagnie, et, dans ce cas-là même, la perte de temps qui en résulte se trouve singulièrement atténuée par l'emploi de la méthode expéditive en usage en Angleterre.

La simplicité que je signale, et à laquelle la Commission attache la plus grande importance, est surtout remarquable pour les navires anglais, particulièrement pour les vapeurs qui sont en immense majorité dans le Canal, et pour lesquels il suffit de substituer au tonnage net le tonnage brut, qui est également inscrit aux papiers de bord. Pour les voiliers, d'ailleurs en petit nombre, une augmentation uniforme de 30 0/0 du tonnage officiel n'offre guère plus de difficulté pratique.

Quoique très-simple encore, l'opération devient cependant un peu plus compliquée pour les navires des autres pavillons, puisqu'elle exige d'abord que leur tonnage soit ramené au tonnage anglais, et, pour les vapeurs dont les papiers ne portent que le tonnage net, que le tonnage brut en soit préalablement déduit. Mais ces convertissements, au moyen du barême, s'effectuent par des calculs aussi prompts que faciles, et ils ne sauraient arrêter un instant les agents chargés de régler contradictoirement les taxes.

Quant au jaugeage direct des navires qu'il conviendra, du reste, d'éviter autant que possible, il n'offrira non plus aucune difficulté, puisqu'il suffira de relever deux mesures linéaires et de les introduire dans une formule dont le calcul numérique donnera le résultat cherché.

Il serait difficile, Monsieur le Président, de préciser exactement l'accroissement de produits qui pourra résulter de l'adoption des nouvelles bases de perception; mais il est aisé d'établir un minimum au-dessous duquel cet accroissement ne saurait rester.

On a vu plus haut que, pour les navires anglais, l'augmentation serait de 30 0/0 exactement pour les voiliers et de 43 0/0, en moyenne, pour les vapeurs, sur lesquels repose la majeure partie du trafic du Canal.

L'augmentation pour les voiliers des autres pavillons différera peu de celle des voiliers anglais; peut-être cependant sera-t-elle un peu inférieure. Mais, pour les vapeurs, elle sera au moins égale, si même elle n'est pas un peu supérieure. La proportion de 43 0/0, afférente aux vapeurs, ne pourrait donc être atténuée que par la proportion d'un peu moins de 30 0/0 afférente aux voiliers. Mais les voiliers, n'ayant en général qu'un faible tonnage, et n'étant qu'en très-petit nombre dans le Canal, ne peuvent exercer qu'une influence insignifiante sur la moyenne générale. On peut donc admettre, sans crainte d'erreur, que, si cette moyenne n'est pas tout à fait de 43 0/0, comme pour les vapeurs, elle sera tout au moins de 40 0/0. Ce résultat est déjà très-considérable et de nature à contribuer, avec le progrès croissant de la navigation, à la prochaine amélioration de la position, d'ailleurs si intéressante, des actionnaires du Canal.

Mais il serait bien plus considérable encore, si l'on appliquait dans toute leur rigueur les idées émises par la minorité de la Commission, en supposant toutefois qu'un accroissement de charges donnât toujours un accroissement correspondant de produits, et ne pût jamais nuire au mouvement et au développement de la navigation. Le nouveau mode d'évaluation qui découlerait de cette application augmenterait, en effet, le tonnage imposable, non pas de 40 0/0 seulement, mais d'environ 180 0/0, et la base de la perception se trouverait ainsi presque triplée (100 plus 180, ou 280, au lieu de 100.) Ce serait bien autre chose encore si, comme quelques personnes le voudraient, le mètre cube était pris pour mesure du tonneau de capacité : l'augmentation serait alors de 300 0/0, et le tonnage imposable passerait de 100 à 400. Les deux solutions ont paru également inadmissibles; la moins extrême irait encore au delà du but et ne pourrait manquer de créer à l'administration du Canal de sérieuses difficultés, soit que, voulant user de la plénitude de son nouveau droit, elle allât se heurter aux résistances universelles du commerce, soit que, voulant, au contraire, par calcul ou par prudence, n'en user qu'avec restriction, elle se vît exposée au reproche de compromettre les intérêts de la Compagnie en négligeant de profiter de tous ses avantages. Il ne semble donc pas bien regrettable que la Commission n'ait pu reconnaître à la Compagnie, même en principe, comme l'aurait voulu la minorité, un droit aussi étendu, et qui n'aurait eu que de semblables conséquences.

Agréez, Monsieur le Président, l'assurance de mes sentiments les plus distingués et les plus dévoués.

RUMEAU,

Président de la Commission.

II

Note de M. Ramond, Administrateur des Douanes

Les transports maritimes ont pour unité de mesure le tonneau de mer, appelé aussi et plus exactement tonneau de fret ou tonneau d'affrétement. Il se calcule en volume ou en poids suivant la nature des marchandises et les conventions des parties. En volume, d'après la loi française, il est de $1^{mc}44$ (anciennement 42 pieds cubes). En poids, il est, d'après nos lois, de 1,000 kilogrammes (anciennement 2,000 livres), mais seulement pour les marchandises d'une densité égale au moins à celle de l'eau. Pour les autres marchandises, le poids du tonneau de fret se proportionne à leur densité, suivant d'anciens usages qui ont été sanctionnés par le décret du 25 août 1861. En Angleterre, le poids normal du tonneau de fret est un peu supérieur à celui du tonneau français (1,015 kilogrammes au lieu de 1,000). Pour le tonneau en volume, il faut distinguer entre les marchandises légères et les liquides ou autres marchandises analogues. Les premières se chargent à raison de 40 pieds cubes par tonneau. Pour elles, le tonneau anglais est donc inférieur d'un cinquième environ au tonneau français ($1^{mc}13$ au lieu de $1^{mc}44$); mais pour les liquides, les cotons, les laines, etc., l'équilibre paraît se rétablir entre les deux pays.

Aux termes de son acte de concession, la Compagnie de Suez est autorisée à percevoir sur les navires qui traverseront le Canal, 10 francs par tonneau de capacité.

L'accord s'est fait dans la Sous-Commission sur les deux points suivants :

1° La Compagnie ayant été constituée en France, la perception doit avoir pour base le tonneau français;

2° Ce tonneau ne peut être que le tonneau volume, soit $1^{mc}44$, puisqu'il s'agit de l'appréciation d'une capacité, par conséquent de la mesure d'un volume.

Mais des doutes existent sur le sens réel du mot capacité.

Désigne-t-il la contenance totale du navire, à quelque destination qu'elle soit affectée?

Ou bien, les navires se composant de deux parties entièrement distinctes par leur destination : d'une part la cale qui reçoit les marchandises, d'autre part les compartiments affectés à l'équipage, aux provisions, aux agrès, etc., la capacité ne doit-elle être ici que l'expression du volume de la première partie?

En d'autres termes, V étant le volume total du navire, et V' le volume des compartiments qui ne reçoivent pas de marchandises, la formule de la perception sera-t-elle :

$$\frac{V}{1,44} \quad \text{ou} \quad \frac{V - V'}{1,44} \ ?$$

A mon avis, les dispositions expresses de nos règlements n'obligeraient-elles pas, comme je l'exposerai bientôt, à conclure dans le dernier sens, on y serait conduit par cette considération décisive, me semble-t-il, que $\dfrac{V}{1,44}$ indiquerait un nombre de tonneaux toujours supérieur à celui que le navire pourrait porter.

Le vin est notre principal article de chargement, et tout autorise à penser que c'est le tonneau bordelais de 4 barriques qui a été, à l'origine, le type du tonneau de fret. Or l'arrimage de quatre bordelaises exige un espace de 42 pieds cubes, au moins. Puisque V' n'est pas utilisé $\dfrac{V - V'}{1,44}$ sera le nombre maximum de tonneaux de vin, ou de toute autre marchandise chargée en cubage, que le navire sera capable de recevoir.

Les résultats ne seront pas différents s'il s'agit de marchandises lourdes, parce que la partie de la cale qui émerge au-dessus de la ligne de flottaison devra alors rester vide. En 1869, il est venu du Pérou et du Chili 141 navires, d'une jauge officielle de 92,000 tonneaux, par conséquent d'une contenance brute de 184,000 tonneaux de 1^{me}44, puisqu'il est admis que la jauge officielle n'indique que la moitié de la contenance effective. Le chargement de ces navires consistait presque exclusivement en marchandises dont le fret se règle à raison de 1,000 kilogrammes au tonneau, le guano, le nitrate de soude et le cuivre. Cependant, d'après le relevé ci-joint, il ne représentait au total que 117,000 tonneaux de fret, soit un peu moins des 2/3 de la contenance brute.

Cette proportion se trouvera dépassée sans doute, si le chargement peut exceptionnellement se composer à la fois de marchandises légères et de marchandises lourdes. Mais je crois que, même pour les navires à voiles, elle sera inférieure dans l'ensemble aux 3/4 de la contenance brute. C'est, du moins, ce qu'on peut induire des rapprochements que je résume ci-après, et qui tous concernent des importations faites en 1869 par bâtiments, voiliers pour la presque to-

talité, et ayant tous, selon toute probabilité, leur plein char
gement.

NOMBRE des NAVIRES	PROVENANCE	TONNAGE OFFICIEL	CONTENANCE BRUTE (deux fois la jauge officielle)	CHARGEMENT en TONNEAUX de fret.	RAPPORT des chargements à la contenance brute.
111	Chili et Pérou (chiffres déjà cités).	92,011	181,021	119,211	65
210	Amérique espagnole. .	64,529	129,058	90,703	70
301	Colonies françaises. . .	87,066	174,132	106,119	60
652		243.606	487,211	316,036	63

Dans tous les cas, et suivant la remarque que j'ai déjà
faite, des textes formels ont défini ce qu'est la capacité d'un
navire et comment elle doit être calculée. L'article 5, titre II,
de l'ordonnance de marine du mois d'août 1861, dit, en
effet : « Pour connaître le port et la capacité d'un vaisseau
« et en régler la jauge, *le fond de la cale qui est le lieu de la*
« *charge* sera mesuré à raison de 42 pieds cubes par ton-
« neau de mer. » — D'après cette ordonnance, à laquelle
les règlements postérieurs se sont tous référés, la capacité
est donc le volume de la partie utile du navire et non pas le
volume du navire tout entier.

Une disposition analogue se trouverait dans l'article 273
du Code de commerce, d'après lequel les chartes-parties
doivent indiquer le tonnage des navires, ce qui ne pouvait
s'entendre alors que de la capacité utile, puisque la méthode
de jauge prescrite par la loi du 12 nivôse an II avait juste-
ment pour objet de constater cette capacité.

Enfin le rapport au Roi, du 18 novembre 1837, rappelle
expressément qu'à l'époque où les méthodes de jauge étaient
combinées en vue de procurer au Trésor tout ce qui lui était

équitablement dû, le tonnage légal exprimait la quantité de marchandises que les navires pouvaient prendre à fret, c'est-à-dire leur capacité utile.

En définitive, capacité, port en tonneaux de fret, volume utile, tonnage légal, ont été, dans l'intention du législateur, des termes équivalents jusqu'au jour où les méthodes de jaugeage ont été volontairement faussées ; et si ces méthodes avaient conservé leur ancienne exactitude, la Compagnie de Suez me paraîtrait sans titre pour percevoir sa taxe sur un tonnage autre que celui qui serait porté aux papiers de bord.

Dans mon opinion, ce qui autorise la Compagnie à récuser le tonnage légal actuel, c'est uniquement l'inexactitude notoire de ce tonnage. A l'exemple des Américains, tous les peuples commerçants ont modifié leur jauge dans le but avoué de dissimuler une partie de la contenance utile des navires et de réduire ainsi les charges que ces navires supportent dans les ports étrangers. La Compagnie de Suez ne peut être contrainte à subir un désavantage qui, pour elle, est sans compensation possible. Là, et là seulement, est son droit. Mais dans cette limite ce droit ne saurait être contesté ; et j'ajoute, parce que cette considération me parait importante, qu'il suffira à la Compagnie de cette revendication de ce qui lui est incontestablement dû, pour que ses revenus soient accrus dans une proportion considérable.

Les rapprochements présentés plus haut montrent quel large écart existe aujourd'hui entre le tonnage réellement utilisé et le tonnage officiel. Le rapport au Roi du 18 novembre 1837 a, au surplus, reconnu que l'ancienne jauge française exprimait exactement la capacité moyenne des navires, et que la réduction de 20 0/0 apportée à notre jauge n'a été motivée que par des considérations commerciales. Depuis 1837, la capacité utile des navires a été sensiblement accrue par l'emploi général du fer, par l'installation d'appareils distillatoires qui permettent de réduire les provisions d'eau. S'appuyant sur le rapport de 1837, sur la notoriété des progrès réalisés depuis, la Compagnie serait fondée à soutenir que la jauge française représente au plus, en moyenne, les 4/5 de la contenance utile, et elle pourrait, en conséquence, prendre pour base de ses perceptions la jauge française accrue de 25 0/0.

Cette base admise, la Compagnie pourrait, dans la pratique, soit jauger elle-même, suivant la méthode française ou la méthode anglaise, des navires chargés, en modifiant dans l'un ou l'autre cas le coefficient, soit réserver le jaugeage effectif pour les circonstances exceptionnelles, et se borner à convertir en tonnage réel le tonnage légal. 100 tonneaux français seraient ainsi comptés pour 125 tonneaux. A l'égard des autres pavillons, la Compagnie pourrait adopter les taux proportionnels de redressement admis par la Commission internationale du Danube. D'après cette Commission, le tonneau anglais est inférieur de 6 0/0 au tonneau français. Pour le navire anglais, la base de conversion serait donc 31 0/0. Un navire de 100 tonneaux payerait la taxe sur 131 tonneaux.

La question des navires à vapeur que j'ai jusqu'à présent mise à l'écart se trouverait, dans ce système, résolue, sans contestation sérieuse possible, dans le sens vers lequel la Sous-Commission inclinerait, me semble-t-il : la perception de la taxe de 10 francs sur le *gross tonnage* anglais. La Sous-Commission a évalué à 25 0/0 l'espace occupé par la machine et ses dépendances. Mais 100 tonneaux de la jauge brute anglaise devant être comptés pour 131 tonneaux, il resterait, après la déduction de 25 0/0, 98 tonneaux à soumettre à l'impôt; et l'on aurait plus de 100 tonneaux imposables, si la déduction afférente aux machines était abaissée, comme on y serait certainement autorisé, à 20 ou 22 0/0. Qu'est-ce en réalité que le *gross tonnage?* L'expression non pas de la capacité totale du navire, mais d'une capacité déjà réduite par la formule de jauge anglaise, dans une proportion qui tient largement compte à la fois des espaces non utilisables et de l'emplacement de la machine. La Compagnie peut donc très-légitimement le frapper en totalité. Quant aux navires à vapeur français, une jauge brute de 100 tonneaux équivaudrait pour la Compagnie à 125 tonneaux. Déduction faite, pour les machines de 25 0/0, il resterait 94 tonneaux imposables. On aurait sensiblement le même résultat en augmentant de 60 0/0 le tonnage officiel de 60 tonneaux que porteraient les papiers de bord.

Je résume ces impressions :

La taxe de 10 francs serait perçue, pour les navires à vapeur,

Sur le gross tonnage quand il s'agirait de navires anglais ;

Sur le tonnage officiel augmenté de 60 0/0 quand il s'agirait de navires français.

Pour les navires à voiles, on augmenterait de 25 0/0 le tonnage officiel français, de 31 0/0 le tonnage officiel anglais.

Les navires des pays qui n'ont pas adopté la méthode anglaise et, au besoin, les navires français ou anglais qui réclameraient contre ces bases de conversion, seraient jaugés d'après la règle anglaise des navires chargés, modifiée dans son coefficient de façon à produire une augmentation de 31 0/0, et sauf réduction de 25 0/0 sur les résultats du jaugeage quand il s'agirait de navires à vapeur.

Enfin on abaisserait la taxe à 5 francs, mais sur les mêmes bases de perception, pour les navires à voiles ou à vapeur qui seraient sur lest ou qui seraient entièrement chargés de houille.

III

Décision du Conseil d'administration de la Compagnie

(Extrait du procès-verbal de la séance du conseil du 1 mars 1872).

« Le Conseil d'administration de la Compagnie universelle du
Canal maritime de Suez, réuni au siége de l'administration, à
Paris, rue Clary, n° 9, dans ses séances des 20, 22, 23 février et
1er mars 1872,

« Vu les articles 14 et 17 de l'acte de concession du 5 janvier 1856, ainsi conçus :

« ART. 14. Nous déclarons solennellement, pour nous et nos
« successeurs, sous la réserve de la ratification par S. M. I. le
« Sultan, le grand Canal maritime de Suez à Péluse et les ports
« en dépendant, ouverts à toujours, comme passages neutres, à
« tout navire de commerce traversant d'une mer à l'autre, sans
« aucune distinction, exclusion ni préférence de personnes ou de
« nationalités, moyennant le payement des droits et l'exécution
« des règlements établis par la Compagnie universelle concession-
« naire pour l'usage dudit Canal et dépendances.

« ART. 17. Pour indemniser la Compagnie des dépenses de cons-
« truction, d'entretien et d'exploitation qui sont mises à sa charge
« par les présentes, nous l'autorisons, dès à présent, et pendant
« toute la durée de sa jouissance, telle qu'elle est déterminée par

« les §§ 1er et 3 de l'article précédent, à établir et percevoir, pour
« le passage dans les canaux et les ports en dépendant, des droits
« de navigation, de pilotage, de remorquage, de halage ou de sta-
« tionnement, suivant des tarifs qu'elle pourra modifier à toute
« époque sous la condition expresse :

« 1° De percevoir ces droits, sans aucune exception ni faveur,
« sur tous les navires dans des conditions identiques;

« 2° De publier les tarifs trois mois avant la mise en vigueur
« dans les capitales et les principaux ports de commerce des pays
« intéressés;

« 3° De ne pas excéder, pour le droit spécial de navigation, le
« chiffre maximum de dix francs par tonneau de capacité des na-
« vires et par tête de passager.

« Vu l'article 11 du règlement de navigation;

« Vu l'article 34 des statuts, en date du 5 janvier 1856, ainsi
« conçu :

« Art. 34. Le Conseil d'administration est investi des pouvoirs
« les plus étendus pour l'administration des affaires de la Société.

« Il arrête les propositions à soumettre à l'Assemblée générale
« des actionnaires en vertu de l'article 56 ci-après.

« Il statue sur les propositions du Comité de direction concer-
« nant les objets suivants, savoir :

« . . . .

« 7° Fixation et modification des droits de toute nature à per-
« cevoir en vertu de la concession; conditions et mode de percep-
« tion des tarifs. »

« Vu les extraits des procès-verbaux du Conseil, en date des
13 décembre 1870, 23 février, 12 et 22 juillet, 12 août, 12 septembre et 19 octobre 1871;

« Vu le mémoire préparatoire du chef du contentieux destiné à
la commission d'enquête, fait par ordre du Conseil et avec l'aide
des documents fournis par l'Administration, portant la date d'octobre 1871, et remis à la commission le 6 du même mois;

« Vu les autres documents fournis à la commission d'enquête
et publiés par la Compagnie;

« Vu les procès-verbaux de la commission d'enquête;

« Vu le résumé des études et des travaux de la commission d'enquête précitée présenté par M. Rumeau, inspecteur général des
ponts et chaussées, le 20 janvier 1872;

« Vu les documents postérieurs communiqués au Conseil et publiés à la suite des pièces ci-dessus mentionnées;

« Le Conseil judiciaire de la Compagnie entendu;

« Considérant que la taxe de dix francs par tonne, perçue depuis l'ouverture du canal de Suez à la grande navigation (novembre 1869), sur le tonnage net officiel des navires, n'était établie sur cette base que *provisoirement;*

« Considérant que ce mode de perception ne devait être maintenu que jusqu'à l'époque où, soit par suite d'études nouvelles, « soit par suite de négociations internationales déjà entamées, il « deviendrait possible de fixer une base de perception plus en « rapport avec la capacité réelle des navires et avec les droits accordés à la Compagnie par l'acte de concession;

« Considérant que les faits constatés par les agents du transit « dans le Canal et les enquêtes poursuivies démontrent :

« D'une part, que la taxe de 10 francs perçue d'après le tonnage net indiqué sur les papiers de bord officiels, entraîne, « pour les marines de pavillons différents, des inegalités de traitement contraires à la lettre et à l'esprit de l'acte de concession;

« D'autre part, que ce même tonnage net officiel est notoirement inférieur à la capacité utilisée pour le chargement, et « qu'il dépend d'aménagements intérieurs arbitraires, variables « suivant la destination du navire, et pouvant même donner lieu « à contestations au sujet de leur emploi (soutes à charbon, par « exemple);

« Considérant que, pour les navires jaugés d'après la méthode « anglaise, les papiers de bord mentionnent, outre le tonnage net, « dit de *register,* un autre tonnage dit : *gross tonnage* ou tonnage « brut, dépendant uniquement de la capacité totale du navire, « avec laquelle il est toujours dans un rapport constant;

« Considérant que, dans l'état actuel des constructions navales, « ce tonnage brut ou gross tonnage correspond aussi exactement « que possible à la capacité totale susceptible d'être utilisée pour « la cargaison;

« Considérant que le pavillon britannique représente les 7ı10 « de la navigation totale dans le Canal;

« Considérant que, dans ces deux dernières années, par l'initiative des gouvernements ou par suite de négociations poursui-

« vies par la Compagnie, les principales puissances maritimes, y
« compris la France, ont déjà adopté ou sont d'accord, en prin-
« cipe, pour adopter la méthode de jauge anglaise;

« Considérant que la Commission internationale de navigation
« siégeant à Galatz, a également adopté le tonnage anglais
« comme base de perception des droits à payer aux embouchures
« du Danube;

« Considérant que le Conseil possède dans les documents de
« l'enquête les éléments nécessaires pour fixer d'une manière
« équitable et impartiale pour tous un nouveau mode de percep-
« tion applicable à tous les navires transitant par le Canal de
« Suez, quel que soit leur pavillon;

« Par ces motifs, sur la proposition du Comité de direction, et
« après en avoir délibéré, le Conseil d'administration

« DÉCIDE :

« 1° A partir du 1ᵉʳ juillet 1872, la Compagnie universelle
« du Canal maritime de Suez percevra le droit spécial de
« navigation de 10 francs par tonne sur la capacité réelle des
« navires;

« 2° Le *gross tonnage* ou tonnage brut inscrit sur les papiers de
« bord des navires jaugés d'après la méthode anglaise *actuellement
« en usage*, servira de base à cette perception;

« 3° Les navires de toutes nations dont les papiers de bord
« n'indiqueront pas ce tonnage établi d'après la méthode ci-dessus,
« y seront ramenés au moyen du barème le plus récent de la
« Commission internationale du Bas-Danube rectifié ou complété
« au besoin;

« 4° Les bâtiments qui n'auraient pas de papiers de bord ou
« n'en auraient que d'incom...... seront jaugés par les agents de
« la Compagnie d'après la r...... *actuellement en usage* en Angle-
« terre pour mesurer les navires chargés;

« 5° Tous les espaces couverts à demeure ou provisoirement,
« qui ne seraient pas compris dans le tonnage officiel du navire,
« seront jaugés par les agents de la Compagnie suivant la règle
« actuellement en usage en Angleterre. Le tonnage obtenu sera
« soumis à la taxe;

« 6° Les bâtiments d'État seront traités, pour la perception des

« droits dus à la Compagnie, conformément aux règles appliquées
« aux navires de commerce.

« Tout en adoptant comme base de la perception de ses droits
« le tonnage résultant du mode de mesurage d'après la méthode
« indiquée, la Compagnie du Canal maritime de Suez ne renonce
« pas, pour l'avenir, à l'application de tel mode nouveau de jau-
« geage qui se présenterait avec des avantages de précision supé-
« rieurs à tous ceux du mode actuel.

« Fait et délibéré le 4 mars 1872.

« *Le Président-Directeur,*

« FERD. DE LESSEPS. »

www.ingramcontent.com/pod-product-compliance
Lightning Source LLC
Chambersburg PA
CBHW061758060726
47597CB00007B/3008